D1667827

LPH MEDIA

INTRODUCTION

Le vent soufflait fort sur la plaine, faisant voler les crins de ma jument dans tous les sens. J'étais assise sur sa selle, le dos bien droit, les mains fermement posées sur les rênes.

Depuis quinze ans, l'équitation était ma passion et mon domaine de prédilection. Je m'appelle Lilya, une jeune femme dont l'existence a été façonnée par le monde merveilleux des chevaux.

Je me souviens encore du jour où j'ai monté un cheval pour la première fois. C'était un petit poney noir nommé Charlie, avec des yeux malicieux et une crinière touffue.

J'avais alors sept ans et je suis tombée immédiatement amoureuse de ces animaux majestueux. Depuis ce jour, j'ai passé des heures et des heures sur le dos de différentes montures, perfectionnant ma technique et ma compréhension de ces êtres exceptionnels.

C'est cette passion qui m'a conduite à écrire ce livre, un guide pratique pour comprendre son cheval et devenir le(a) meilleur(e) cavalier(e) possible. Parce que comprendre son cheval est essentiel pour pouvoir le diriger efficacement et évoluer en harmonie avec lui.

En tant que cavalier(e), nous avons la responsabilité de communiquer avec notre cheval de manière claire et respectueuse, afin de créer une relation basée sur la confiance et la coopération.

Dans ce livre, je vais partager avec vous mon expérience et mes connaissances acquises au fil des ans. Vous y trouverez des conseils pratiques pour comprendre le comportement de votre cheval, établir une communication efficace, apprendre les bases de l'équitation, progresser dans la pratique avancée, ainsi que des astuces pour prendre soin de votre cheval et assurer son bien-être.

En somme, ce livre a pour objectif de vous aider à devenir un(e) cavalier(e) accompli(e) et à établir une relation forte et durable avec votre cheval. Chaque chapitre a été conçu pour vous permettre de progresser étape par étape, en développant votre compréhension de votre cheval et en améliorant vos compétences en équitation.

Je suis convaincue que ce livre vous sera d'une grande utilité dans votre pratique équestre, que vous soyez débutant(e) ou cavalier(e) confirmé(e). Je vous invite donc à vous immerger dans ce monde merveilleux et passionnant des chevaux, et à découvrir toutes les merveilles que cette pratique peut vous offrir.

Le cheval est un animal complexe et sensible, dont le comportement est influencé par ses instincts naturels, son environnement et les expériences qu'il a vécues. Afin de devenir un(e) bon(ne) cavalier(e), il est essentiel de comprendre son cheval et de communiquer avec lui de manière efficace.

Ce chapitre vise à explorer les différents aspects du comportement équin et à fournir des exemples pratiques pour aider les cavaliers à interagir avec leur monture de manière positive.

Les instincts naturels du cheval et leur influence sur son comportement :

Les chevaux sont des animaux proies, ce qui signifie qu'ils ont des instincts de survie très développés. Les instincts naturels du cheval comprennent la fuite, l'agression, l'exploration et la recherche de nourriture.

Ces instincts sont profondément ancrés dans l'ADN du cheval et ont une grande influence sur son comportement. Par exemple, un cheval qui se sent menacé peut avoir tendance à fuir, même si la menace n'est pas réelle. En comprenant ces instincts et leur influence, les cavaliers peuvent mieux anticiper les réactions de leur cheval dans certaines situations et ajuster leur comportement en conséquence.

Exemples de mise en pratique :

Pour aider les cavaliers à comprendre les instincts naturels de leur cheval, il est utile d'observer les chevaux dans leur environnement naturel, comme dans un pré. Les cavaliers peuvent également se renseigner sur les comportements typiques des chevaux en lisant des livres ou en suivant des cours d'équitation.

Les cavaliers peuvent également utiliser des exercices spécifiques pour aider leur cheval à surmonter certains instincts, tels que les exercices d'habituation pour aider un cheval à s'habituer à des stimuli qui peuvent provoquer une réaction de peur.

Les signaux de communication utilisés par les chevaux entre eux :

Les chevaux communiquent entre eux à l'aide d'un langage corporel subtil. Ils utilisent des signaux tels que les mouvements de la queue, les oreilles et les yeux pour exprimer leur état d'esprit et leur intention. Les chevaux peuvent également utiliser des vocalisations telles que des hennissements pour communiquer avec les autres membres de leur troupeau.

Les cavaliers qui apprennent à reconnaître ces signaux de communication peuvent mieux comprendre leur cheval et communiquer avec lui de manière plus efficace.

Les cavaliers peuvent pratiquer l'observation des chevaux et essayer d'identifier les différents signaux de communication utilisés par les chevaux. Les cavaliers peuvent également utiliser des exercices pour aider leur cheval à comprendre les signaux de communication humains, tels que les exercices d'attention et de direction.

Comment observer et interpréter les comportements de son cheval :

Les chevaux peuvent exprimer leur état d'esprit et leur intention de différentes manières. Les comportements tels que le fait de s'agiter, de mordre ou de botter peuvent indiquer que le cheval est anxieux, frustré ou en colère. D'autres comportements tels que le fait de se détendre, de baisser la tête ou de soupirer.

Ces signaux peuvent indiquer que votre cheval est détendu et prêt à coopérer. D'un autre côté, si votre cheval est tendu et qu'il resserre ses muscles, cela peut indiquer qu'il est stressé ou mal à l'aise. Il est important de comprendre ces signaux de communication afin de savoir comment interagir avec votre cheval de manière appropriée.

Ensuite, il est important de comprendre les différentes personnalités de chevaux et comment les gérer. Certains chevaux peuvent être très confiants et faciles à gérer, tandis que d'autres peuvent être plus timides et nécessitent plus de patience et de temps pour gagner leur confiance.

D'autres encore peuvent être très énergiques et ont besoin d'une discipline stricte pour être bien gérés.

•Instincts naturels : Si vous observez votre cheval dans un troupeau, vous pouvez voir comment il utilise son corps pour communiquer avec les autres chevaux. Essayez d'imiter ces signaux lorsque vous êtes avec votre cheval, comme baisser votre tête pour montrer que vous êtes détendu et calme.

•Signaux de communication : Lorsque vous travaillez avec votre cheval, soyez attentif à ses signaux de communication. Si votre cheval montre des signes de stress ou de malaise, arrêtez l'exercice et prenez le temps de comprendre ce qui ne va pas.

•Comportements : Observez votre cheval pendant qu'il se déplace et interagissez avec lui. Si vous remarquez qu'il se fige ou qu'il évite certaines zones, cela peut indiquer qu'il a peur ou qu'il est mal à l'aise. Essayez de travailler avec lui pour surmonter ces peurs.

•Personnalités : Chaque cheval a sa propre personnalité et il est important de savoir comment gérer chaque type de personnalité. Par exemple, si vous travaillez avec un cheval timide, prenez le temps de gagner sa confiance en travaillant avec lui régulièrement et en lui donnant beaucoup de récompenses et de compliments.

La communication est la clé de toute relation, y compris celle entre un cavalier et son cheval. Dans ce chapitre, nous allons explorer les différentes façons dont les cavaliers communiquent avec leurs chevaux, comment établir une relation de confiance et comment éviter les erreurs de communication courantes.

Les signaux de communication humains utilisés en équitation :

Les cavaliers utilisent différents signaux de communication pour communiquer avec leur cheval. Ces signaux peuvent être verbaux, tactiles ou visuels.

Les signaux verbaux comprennent des commandes telles que « trotte » ou « galope », tandis que les signaux tactiles comprennent les jambes, les mains et les aides du cavalier.

Les signaux visuels incluent le langage corporel et les expressions faciales. Il est important que le cavalier soit cohérent dans l'utilisation de ces signaux pour éviter toute confusion pour le cheval.

Comment établir une relation de confiance avec son cheval ?

La confiance est la base de toute relation avec un cheval. Les chevaux sont des animaux sociaux et sont sensibles à l'humeur et au comportement de leur cavalier.

Pour établir une relation de confiance, le cavalier doit être cohérent, patient et empathique. Le cheval doit sentir que son cavalier est digne de confiance et qu'il sera en sécurité avec lui.

Exemple de mise en pratique : Le cavalier peut commencer par travailler sur des exercices simples tels que la marche en main avec son cheval. Cela permet au cavalier de se concentrer sur la relation avec le cheval plutôt que sur la technique équestre. Le cavalier peut également passer du temps avec son cheval en dehors de l'équitation, ce qui peut aider à renforcer la relation.

Les techniques de renforcement positif pour améliorer la communication :

Le renforcement positif est une technique de formation efficace qui implique de récompenser le comportement souhaité. Les récompenses peuvent être des caresses, des friandises ou des éloges.

Cette technique est utile pour encourager les chevaux à apprendre de nouveaux comportements et à renforcer les comportements souhaités.

Exemple de mise en pratique : Le cavalier peut utiliser le renforcement positif pour renforcer le comportement souhaité, par exemple, en récompensant le cheval lorsqu'il répond correctement à une commande ou qu'il fait un effort pour exécuter un exercice.

Les erreurs de communication courantes et comment les éviter :

Les erreurs de communication courantes incluent l'utilisation de signaux contradictoires, la pression excessive sur le cheval et le manque de clarté dans les commandes. Il est important de se rappeler que les chevaux sont des animaux sensibles et qu'ils peuvent facilement devenir confus ou frustrés si la communication n'est pas claire.

Exemple de mise en pratique : Le cavalier peut éviter les erreurs de communication en se concentrant sur la clarté et la cohérence de ses signaux. Par exemple, si le cavalier utilise une pression légère sur les rênes pour indiquer au cheval de tourner à gauche, il doit utiliser la même pression légère chaque fois qu'il veut que le cheval tourne à gauche.

Si le cavalier utilise une pression plus forte ou une technique différente pour le même signal, cela peut causer de la confusion pour le cheval et une communication incohérente.

Il est également important pour le cavalier de développer une relation de confiance avec son cheval. La confiance se construit en montrant au cheval qu'il peut avoir confiance en son cavalier pour le guider et le protéger.

Le cavalier doit prendre le temps de se familiariser avec son cheval et de comprendre ses besoins et ses préférences. Il doit également être cohérent et prévisible dans ses actions pour que le cheval sache à quoi s'attendre.

Enfin, le cavalier doit être conscient des signaux de communication humains qu'il utilise en équitation. Des signaux tels que la position du corps, la pression des jambes et la tension des rênes sont tous des moyens de communiquer avec le cheval.

Le cavalier doit être conscient de la façon dont il utilise ces signaux et de l'effet qu'ils ont sur le cheval.

En résumé, pour améliorer la communication avec son cheval, le cavalier doit être clair et cohérent dans ses signaux, utiliser des techniques de renforcement positif, développer une relation de confiance et être conscient des signaux de communication humains qu'il utilise.

L'équitation est avant tout une question de communication entre le cavalier et son cheval. Pour parvenir à une communication claire et efficace, il est essentiel de comprendre le comportement de son cheval et de développer une relation de confiance et de respect mutuel.

Dans ce chapitre, vous découvrirez 41 techniques (secrètes) pour comprendre votre cheval, le rendre heureux et lui faire comprendre ce que vous attendez de lui.

1 - Observer les signes de stress chez votre cheval, tels que le bâillement, le léchage et le mordillement, et apprendre à les interpréter pour mieux comprendre son état émotionnel.

2 - Utiliser la technique de la flexion verticale pour encourager votre cheval à se détendre et à se concentrer sur vous.

3 - Apprendre à lire les expressions faciales de votre cheval pour mieux comprendre ses émotions et ses intentions.

4 - Établir une routine de soins régulière pour votre cheval afin de renforcer votre relation et de développer un lien de confiance.

5 - Utiliser la technique de la "pression et relâchement" pour enseigner à votre cheval à répondre à vos demandes.

6 - Observer le langage corporel de votre cheval pour mieux comprendre son état émotionnel et ses intentions.

7 - Pratiquer la technique du "jeu à pied" pour renforcer votre relation avec votre cheval et améliorer sa confiance en vous.

8 - Établir un rythme de travail régulier pour maintenir la condition physique et mentale de votre cheval.

9 - Apprendre à utiliser votre voix pour communiquer avec votre cheval de manière claire et efficace.

10 - Apprendre à travailler en équipe avec votre cheval, en le considérant comme un partenaire à part entière.

11 - Varier les exercices pour maintenir l'engagement et l'attention de votre cheval..

12 - Apprendre à utiliser les rênes de manière douce et légère pour une communication plus subtile.

13 - Utiliser des exercices de gymnastique pour améliorer la condition physique et la santé de votre cheval.

14 - Enseigner à votre cheval à marcher en laisse pour renforcer votre relation et améliorer sa confiance en vous.

15 - Utiliser la technique de la récompense pour encourager votre cheval à se concentrer sur vous et à répondre à vos demandes.

16 - Apprendre à utiliser votre poids corporel pour communiquer avec votre cheval de manière subtile.

17 - Utiliser des exercices de dressage pour améliorer la posture et l'équilibre de votre cheval.

18 - Établir une routine de travail régulière pour votre cheval afin de renforcer votre relation et de développer un lien de confiance.

19 - Éviter de surmonter votre cheval ou de lui demander trop d'un coup.

20 - Apprendre à utiliser les aides des jambes pour communiquer avec votre cheval de manière subtile.

21 - Utiliser des exercices de saut pour améliorer la force et la coordination de votre cheval.

22 - Utiliser la technique de la relaxation pour aider votre cheval à se détendre et à se concentrer

23 - Apprendre à utiliser des signaux vocaux clairs et cohérents pour communiquer avec votre cheval.

24 - S'assurer de la bonne compréhension des ordres avant de passer à des exercices plus avancés.

25 - Adapter votre entraînement en fonction de l'âge et de la condition physique de votre cheval.

26 - Utiliser des équipements et des accessoires appropriés pour votre cheval et votre discipline équestre.

27 - Prendre le temps de bien exécuter chaque exercice pour éviter de confondre votre cheval.

28 - Éviter de punir ou de gronder votre cheval, car cela peut créer de la confusion et de la frustration.

29 - Garder une attitude positive et encourageante tout au long de l'entraînement pour maintenir la motivation de votre cheval.

31 - Travailler sur les transitions entre les différents mouvements pour améliorer la fluidité et l'équilibre de votre cheval.

32 - Utiliser des séances de travail en liberté pour renforcer la relation et la communication avec votre cheval.

33 - S'entraîner régulièrement en extérieur pour améliorer la confiance et l'adaptabilité de votre cheval.

34 - Prendre le temps de connaître les besoins et les préférences individuels de votre cheval en matière de travail et de récompenses.

35 - Éviter les changements brusques dans la routine ou les équipements pour éviter de perturber votre cheval.

36 - Utiliser des techniques de visualisation pour améliorer votre propre performance et votre communication avec votre cheval.

37 - Éviter de se concentrer uniquement sur les performances et les résultats, mais se concentrer également sur le bien-être et le bonheur de votre cheval.

38 - Établir des objectifs clairs et réalistes pour vous et votre cheval et travailler progressivement pour les atteindre.

39 - Écouter votre intuition et votre propre corps pour éviter de pousser vous-même et votre cheval au-delà de leurs limites.

40 - Travailler en collaboration avec des professionnels de l'équitation pour améliorer votre propre performance et celle de votre cheval.

41 - Participer à des compétitions et des événements équestres pour tester vos compétences et votre communication avec votre cheval

En conclusion, comprendre son cheval est essentiel pour devenir un bon cavalier. En apprenant à communiquer efficacement avec votre cheval, à établir une relation de confiance, à comprendre ses besoins et à travailler en équipe avec lui, vous pourrez améliorer votre équitation et rendre votre cheval heureux et en bonne santé. Les 41 techniques présentées dans ce chapitre sont un excellent point de départ pour améliorer votre compréhension de votre cheval et pour établir la plus forte relation avec lui.

L'équitation est une activité riche et variée, qui propose de nombreuses disciplines pour tous les goûts et tous les niveaux.

Dans ce chapitre, nous allons nous intéresser à l'équitation avancée, qui demande un haut niveau de compétence et d'expérience de la part du cavalier.

Nous allons voir les différentes disciplines équestres, les techniques de dressage et de saut d'obstacles, ainsi que des conseils pour progresser dans cette pratique exigeante.

Les différentes disciplines équestres et leurs spécificités :

L'équitation avancée propose de nombreuses disciplines, chacune avec ses spécificités et ses règles propres. Les plus courantes sont :

1.Le dressage : cette discipline consiste à réaliser des mouvements précis et contrôlés, en harmonie avec le cheval. Le dressage est basé sur la communication entre le cavalier et le cheval, et demande une grande finesse et une grande subtilité dans les mouvements.

2.Le saut d'obstacles : cette discipline consiste à sauter des obstacles, en respectant des règles précises. Le saut d'obstacles demande de la technique et de la précision, ainsi qu'une grande confiance entre le cavalier et le cheval.

3.Le concours complet : cette discipline combine le dressage, le saut d'obstacles et le cross, une épreuve qui se déroule en terrain naturel, avec des obstacles variés. Le concours complet est une discipline complète, qui demande une grande polyvalence du cavalier et du cheval.

Les techniques de dressage pour perfectionner sa monte :

Le dressage est une discipline exigeante, qui demande une grande précision dans les mouvements. Pour perfectionner sa monte, voici quelques techniques de dressage à maîtriser :

1.La mise en avant : cette technique consiste à stimuler l'énergie du cheval, pour qu'il avance avec dynamisme et légèreté. La mise en avant se réalise avec les jambes du cavalier, qui viennent stimuler les flancs du cheval.

2.La mise en place : cette technique consiste à placer le cheval dans une position juste et équilibrée, en utilisant les aides du cavalier (mains, jambes, poids du corps). La mise en place est essentielle pour réaliser des mouvements précis et contrôlés.

5.Les déplacements latéraux : ces mouvements consistent à déplacer le cheval latéralement, en utilisant les aides du cavalier. Les déplacements latéraux sont utiles pour travailler la souplesse et la flexibilité du cheval.

Les techniques de saut d'obstacles pour améliorer sa technique :

Le saut d'obstacles est une discipline qui demande de la technique et de la précision. Voici quelques techniques à maîtriser pour améliorer sa technique de saut :

1.La ligne droite : pour sauter un obstacle, il est important de se placer dans une ligne droite, en utilisant les aides du cavalier (mains, jambes, poids du corps). La ligne droite permet d'avoir une trajectoire précise et de sauter l'obstacle avec plus de facilité.

2. La distance : pour sauter un obstacle, il est important de bien apprécier la distance entre le cheval et l'obstacle. Pour cela, il est nécessaire d'avoir une bonne lecture du cheval et d'être en mesure de comprendre ses réactions pour adapter votre technique en conséquence.

Cela nécessite une communication efficace et une connaissance approfondie de votre animal.

En dressage, il est important de travailler la flexibilité et la souplesse de votre cheval pour atteindre la précision et la fluidité des mouvements. Des techniques telles que la mise en place, la flexion latérale et les exercices d'assouplissement peuvent aider à développer la coordination entre le cavalier et le cheval.

En saut d'obstacles, la technique est primordiale pour franchir les obstacles en toute sécurité et efficacement. Il est important de travailler sur la position du cavalier et de maintenir un bon équilibre sur le cheval pour pouvoir anticiper les sauts et ajuster la trajectoire en conséquence, des exercices tels que les barres au sol, les combinaisons d'obstacles et les parcours chronométrés peuvent aider à développer la technique et la rapidité du cheval.

Enfin, pour progresser dans la pratique de l'équitation, il est important de pratiquer régulièrement et de chercher à s'améliorer constamment.

Prenez le temps d'analyser vos erreurs et vos réussites, et travaillez avec un instructeur qualifié qui peut vous guider et vous donner des conseils pour améliorer votre technique.

Il est également important de prendre soin de votre cheval et de respecter ses limites, en lui offrant suffisamment de temps de repos et en veillant à sa santé et à son bien-être.

En suivant ces conseils et en travaillant régulièrement, vous pouvez améliorer votre pratique de l'équitation avancée et atteindre de nouveaux niveaux de compétence et d'expérience.

CONCLUSION

La fin de ce livre approche et je suis heureux d'avoir partagé avec vous mes connaissances sur le monde fascinant de l'équitation.

Tout au long de ce livre, nous avons exploré les bases de l'équitation, appris comment comprendre son cheval et améliorer notre communication avec lui, et nous avons également examiné les techniques avancées pour améliorer notre monte et progresser dans la pratique de l'équitation.

Mais ce n'est que le début.

L'équitation est un sport qui peut être pratiqué toute une vie, car il y a toujours de nouvelles techniques à apprendre, de nouveaux chevaux à monter et de nouveaux défis à relever.

C'est une discipline qui demande du travail, de la patience et de la détermination, mais les récompenses en valent la peine.

CONCLUSION

Quand on monte à cheval, on entre dans un monde différent, un monde de beauté et de liberté.

On est transporté au-delà de la terre ferme, on se sent en harmonie avec la nature et on ressent une connexion profonde avec son cheval.

C'est une expérience incroyablement enrichissante, qui nous permet de nous évader de notre vie quotidienne et de nous reconnecter avec notre moi intérieur.

Je suis convaincu que, grâce à ce livre, vous êtes maintenant mieux équipé pour profiter de cette expérience.

Vous avez appris à comprendre les instincts naturels de votre cheval, à communiquer avec lui de manière claire et efficace, et à perfectionner votre monte.

Vous avez également appris que l'équitation est un sport qui demande de la patience et du travail, mais qui en vaut la peine.

Mon conseil pour vous est de continuer à pratiquer, à apprendre et à vous améliorer. Soyez ouvert d'esprit, essayez de nouvelles techniques, de nouveaux chevaux et de nouveaux défis.

Ne vous découragez pas si vous rencontrez des obstacles, car ils font partie du chemin vers la réussite.

Enfin, je voudrais vous encourager à partager votre passion pour l'équitation avec les autres.

Vous pouvez aider les débutants à découvrir le monde de l'équitation, ou simplement partager votre expérience avec des amis et des proches. C'est en partageant notre passion que nous pouvons la faire grandir.

Je suis convaincu que vous avez maintenant tout ce qu'il faut pour devenir un cavalier accompli, pour vivre pleinement votre passion pour l'équitation et pour profiter de toutes les merveilles que ce sport peut offrir.

Alors, prenez les rênes, montez en selle et partez à la découverte de nouveaux horizons. Bonne chance et surtout, amusez-vous !

Lilya

Printed by Amazon Italia Logistica S.r.l.
Torrazza Piemonte (TO), Italy

53969669R00018